가려운 그리움

시와 사람들

가려운 그리움

만인사

| 책을 펴내며 |

명확한 정답도 없는 고민을 묶으며

시에 대한 고민을 가지고 한 달에 한 번씩 「시와 사람들」 선생님들을 만난 지 햇수로 6년이 되어 간다. 만나서 밥 먹고 차 마시며 나눴던 이야기들의 주제는 '시는 무엇인가? 좋은 시는 어떤 시를 말하는가?' 라는 명확한 정답이 없는 고민들이었다. 이러한 의문들은 명확한 해답 없이 지금까지 고민으로 남아 있지만 이러한 생각들은 시간이 지날수록 시에 대한 관심과 애정으로 자리잡아 가고 있다.

2012년 교육청에서 공모한 '교사 독서교육 교과연구회' 에 〈시와 사람들〉이 선정되었다. 6년 동안 한 달에 한 번씩 모여 추천 시집을 읽고, 읽은 시를 바탕으로 가뭄에 콩 나듯(!) 한 편씩 써 온 시들을 묶어 결과물로 『가려운 그리움』이라는 공동시집을 출간하게 되었다.

세월이 한참 더 흐른 뒤에도 〈시와 사람들〉 선생님들과 함께 할 수 있기를, 따뜻한 햇살이 내리쬐는 카페에 모여 앉아 두런두런 이야기 나누며, 지금 출판되는 『가려운 그리움』 이야기를 할 수 있기를, 서로 쑥스럽게 웃으며 "그래도 우리 시집까지 출판한 시인들이 잖아." 웃을 수 있기를 기원해본다.

그 때 내리쬐는 햇살은 참 따뜻할 것이다.

이 시집을 발간할 수 있게 도와주신 교육청 관계자 분들, 〈시와 사람〉의 영원한 멘토 경북여고 박홍진 교감선생님, 그리고 만인사 직원분들께도 감사의 인사를 드립니다.

2013년 5월에

시와 사람들

차 례

차 례

박소영

박혜신

차 례

서미선

이은경

전지현

허재봉

김 형 태

학남고등학교 교사

〈시와 사람들〉 전지현 선생님의 차분한 갈굼(?)이 없었다면 시를 쓰지 못했을 것 같다. 하지만 늘 쫓기듯 살아가면서 또 쫓기듯 시를 쓴 것 같아 많이 부끄러운 것이 사실이다. 아직까지도 삶이 무엇인지 잘 알지 못하고 조금 아는 삶조차 잘 살아내지 못해서, 내게 시란 그런 모자란 삶의 한 가운데서 길어 올린 이야기 속의 수줍은 고백이라는 생각이 든다. 삶의 있는 그대로의 모습을 열어서 날 것 그대로를 내놓는다는 것은 언제나 힘들고 부끄러운 일이지만, 그 부족함 속에서 살아가는 힘을 얻을 수 있다면 더 바랄 것이 없다.

처음 만나기 위해

오월
하늘 햇살 바람 맑고 좋고
부드러워 빨간 장미 넝쿨 길 따라
참 많이도 흐드러지고 온 세상에 웃음이
가득하여 창 밖 모든 이들에게 손짓하고픈
알 수 없는 그 설렘으로, 살았을까? 건강할까?
아직 세수도 못했는데 괜찮을까? 난 네게 복된
부모가 될 수 있을까? 지난 날 지은 죄 하나
하나 떠오르는 알 수 없는 그 두려움으로,
사랑하는 우리 딸을 처음 만나기 위해
몸 실은 기차 안 내 무릎 위로, 괜히
바보 같은 눈물 일렁이는 그
사이로, 곱게 앉는

이
름
모
를

꽃
씨

하
나

늘 미안한 사람

미안하다
니한테 부담 주어
미안하다 미안하다

결혼 전날 저녁
자식만큼 빚도 많은
가난한 농민의 맏아들로 태어나
우직한 소 마냥 쉼 없이 땀내 나는 세월 보내신
아버지는 그렇게 참고 있던
속 깊은 울음을 터트리셨습니다

은행에서 얼마 대출했노
니 장가갈 땐
집도 하나 장만해 주고
남부럽지 않은 결혼식도 치러 줄라 했……

또 말을 잇지 못하고 우십니다
엄마 옆에서 웃으시며

아이고 주책이다
남들도 다 이래 사는데
하며 아버지 등 어루만지시나

30년 살아오는 동안 단 한번도
아버지에게 미안한 적 없는 내게
아버지는 늘 미안한 사람입니다

나도 늘 미안한 사람이면 좋겠습니다

이름 소망

아담의 언어로
네 이름을 지을 수 있다면

너는 주한이가 되렴
내 좋으신 하나님이 네 좋으신 하나님이 되어
시절 좇아 과실 맺고 잎사귀 마르지 않는
시냇가 큰 나무처럼 살아가길

너는 한별이가 되렴
세상에서 사라진 별밤
너라는 별이 들려주는 아름다운 이야기로
땅별 사는 나그네들에게 빛이 되고 길이 되는
하나의 별처럼 살아가길

그러나
그 어떤 좋은 이름 붙인다 해도
너 자신보다 더 좋을 수 없으니
삶을 알고 앎을 사는 사람이 되어

이름 값 하는 삶이 되기보다
삶 값을 하는 이름이 되기를

집

동구 신천4동 301-2 백합아파트 802호
내 나이 일곱 살에 아버지가 알려주어
처음으로 주소 외웠던 정든 그 집
그 집이 어쩔 수 없이
헐값에 팔려 나갔다

더불어
내 어린 시절과
내 학창 시절과
내 신혼 시절이
헐값에 팔려 나갔다

하우스 푸어에서
그냥 푸어가 되어
집에 돌아오니
어린 것 둘 키우는 아내는
지쳐서 울고 있고
당신이라도 붙잡고

내가 울고 싶은데

불 꺼진 거실에
홀로 힘없이 앉으니
아버지 생각이 났다

다시 되뇌는 고백

마음이 지치고 상할 때
세상이 나를 길들이려 할 때
당신과 나의 연약함이 만날 때
그때마다 그때로 돌아가
내가 다시 되뇌는 고백이야

신랑 김형태는
사랑하는 당신을 아내로 맞이하여
기쁠 때뿐만 아니라 기쁘지 않을 때도
사랑스러울 때뿐만 아니라 사랑스럽지 않을 때도
내가 사랑할 수 있을 때뿐만 아니라 사랑하기 어려운 때도
나는 할 수 없으나 주가 주시는 그 사랑으로
지금으로부터 삶이 다하는 그 날까지
부부의 정조를 지키고 사랑하고 섬길 것을
하나님 앞과 여기 모이신 모든 분들 앞에서
엄숙히 결심하고 서약합니다

남 태 진

달구벌고등학교 교사

글쓰기 숙제를 낸 후에 뭘 써야 할지 모르겠다는 아이들에게 "그냥 네 일상을 너만의 언어로 표현하면 돼."라고 쉽게 말한 적이 있었습니다. 그리고 제게 시 쓰기라는 숙제가 떨어졌을 때 저도 제 일상을 돌아 봤습니다.

이른 새벽 퇴근길에 기숙사 근처에 숨어든 아이들. 지금은 사라지고 없는 고향의 풍경들. 학교 앞 텃밭에 심은 완두콩….

제 일상에도 시의 소재들은 참 많은데 막상 시를 쓰려고 하니 도무지 떠오르지가 않더군요. 때로는 운전 중에 때로는 잠결에 살짝 떠오르는 시상(詩想)들이 막상 시를 쓰려고 하면 모두 사라져 버리는 참으로 안타까운 날들이었습니다. 그리고 돌이켜 보면 참으로 행복한 날들이었습니다.

새벽 풍경 1

기숙사 불이 꺼지고
아이들 키득거리는 웃음소리가
사감샘 목소리에 묻힌 지 한참 뒤
그림자 몇 개가 도둑고양이마냥
살며시 학교로 미끄러져 들어온다
보나마나 새벽 F.M* 뛰고 온 녀석들

볼 발간 얼굴 웃음 가득 머금고
우리끼리 있으면 어두운 것쯤은
사감샘, 벌점쯤은 두렵지 않다고
큰소리 쳐놓고 막상 학교에 들어올 때는
잘 보이지도 않는 그림자에 몸을 숨기고
숨죽이며 살금살금

지켜보던 보름달님은
구름 뒤로 살며시 몸을 피한다

---

* 배고픈 아이들이 새벽에 몰래 기숙사를 빠져나가 학교에서 1.5km 정도 떨어진 Family Mart로 가는 행위를 달구벌식으로 줄인 말

연 뿌리

향기로운 꽃도 푸른 잎도 져버린
11월의 찬이슬 내린 아침이면
아버지는 연밭에 들어간다
컴퓨터 사달라며 떼쓰다
울먹거리며 학교 간 우리 막내 생각하면
까짓 발 좀 시리면 어떻고
무릎 좀 시큰거리면 어떠랴

동그랗게 말린 연잎을 젖히고 연뿌리를 캘 때면
아버지는 늘 허리를 숙인다
애비야 진흙탕에 푹푹 빠지며
얼굴에 황칠하는 인생 살아도
내 새끼들은
눈에 넣어도 안 아플 내 새끼들만은
시커먼 진흙 속에서도 뽀얗게 곧게 자란
너처럼 그렇게 곱게 자랐으면
허리까지 차오르는 숨 가쁜 진흙 속에서
연 뿌리에게 그렇게 절을 한다

추위를 쫓으려 피운 장작불도 파란 연기도 사라진
해질 무렵 오후가 되면
아버지는 리어카 가득 연뿌리를 싣고 온다
이 정도가 겨우 짊어질 삶의 무게라면
까짓 허리 좀 아프면 어떻고
숨 좀 차면 어떠랴

완두콩

봄날
꽃샘추위 옷깃 여민 흙
살짝 들추고
씨앗 몇 개 심다

하루
이틀
사흘
…
싹을 기다리다 지쳐
다시 흙을 뒤집어 너를 찾는다
스스로 움 틔우려는
네 의지를 꺾는 줄 모르고
그것이 관심이라 생각했다 나는

마른 흙 사이로
파란 싹을 내밀 때
매일 쪼그리고 앉아 너를 지켜보고 있다

네게 내릴 따뜻한 햇살을 가린 줄 모르고
그것이 사랑이라 생각했다 나는

5월
햇빛이 찬란한 날
덩굴손 뻗어 서로 일으키고 어루만지며
열매 맺는 너를 보며
난 알았다

내가 아니고
네가 스스로 너를 키운다는 것을

이별, 3년 뒤

너의 안부를 묻던 친구들도
술에 취할 때마다 널 그리던 나도
이제 너의 부재를 받아들인다

스무 살
캠퍼스에서 처음 너와의 입맞춤
기도를 타고 내려오던 너의 짜릿한 숨결

겨울 밤
조용히 내리던 빗물에 흐려진 가로등
뽀얗게 입김을 뿜으며 너와 듣던 빗소리

헤어졌다 다시 만난 날
코끝에 찡하게 다가오던 너의 체취

다시 헤어지고 3년

이제 너를 깨끗이 잊을 수 있다

내 가슴 속 가장 깊은 곳을 채워왔던 너를

금연, 3년 만에

새벽 풍경 2

가을밤, 하늘나라 간 엄마, 배추벌레, 세 살배기 딸내미, 완두콩 넝쿨, 연 뿌리 캐는 아버지, 뽕나무, 학교, 아이들 웃음소리, 가르친다는 것, 달밤, 가로등, 첫 입맞춤, 스무 살, 냉장고, 서러움, 눈물, 장작불….

풋내기 시인의 책상 위에
소복이 쌓인 시어들
시를 쓰다 깜빡 잠이 들면
살며시 일어나 귓가를 간질이다가
잠 깨면 스르르 쓰러져 쌓이는
새벽

박 소 영

월서중학교 교사

엉성하고 여물지 못한
내가 고스란히 여기 있습니다.
부끄럽고 사나운 마음은 잠시 밀어두고
벗들과 함께 걸음을 내디뎌보지만,
여전히
이렇게 책을 펴내는 건
종이에게도 나무에게도
이 글을 읽는 당신에게도
미안하고 민망한 일입니다.

흔적

삼일을 꼬박 삭은 눈물이
눈을 녹인다. 뺨을 지나
이번엔 입술 목덜미 손가락
이윽고, 그곳까지

흐물흐물 허물어진
살덩이리가
악취를 풍기기 시작하고

삭지 않은 질긴 심장은
꿈틀거리며 기억을 찾아간다

향기를 다시 입기 위해
힘겹게 찾아간 그곳은
이미, 폐허.

폐허더미를 뒹굴며 남몰래
새살의 기적을 기다리는
아, 버리지 못하는 비루함이여.

눈소리

함박눈이 고요하게 내려앉고
TV는 소란스레 눈의 결음을 알린다.

시끌벅적한 도시소음에 늙어버린 눈
자동차바퀴, 시멘트가루, 부산한 구둣발에
짓이겨져 검버섯이 피고
함부로 쓸려져 생긴 서글픈 주름 자국

목줄에 끌려가면서도 필사적으로 남긴
개 오줌자국 선명한 전봇대 곁이
늙은 눈의 마지막 피신처.

밀려난 눈덩이에서
거동 불편한 늙은이의 몸냄새가
나기 시작할 무렵,

뽀도독. 뽀도독
여전히 젊고 싱싱한 눈 밟는 소리

꺄르르
아이의 웃음소리와 어우러져
혼탁한 도시 풍경에
쩡—
금이 간다.

보길도 몽돌

하얀 바다 거품 머금고
반짝이는 햇살 옷 입은
동글몽글 몽돌

몽돌을 한 손 가득 잡으면
바다가 가슴으로 벅차게 밀려오고
습기 찬 마음 보송하게 살아난다.

뾰족한 아이들 부여잡느라
생채기 났던 손을
동글몽글 어루만져준다.

1월엔
보길도 해변으로 간다.
그리고 그저,
몽돌을 바다로 던진다.

상처 준 마음,

상처 받은 마음
모두 바다로 던지고
몽돌이 된다. 바다가 된다.

2012년, 하늘에는

새가 힘찬 날갯짓으로 날아오르고
비행기의 비행운이 길게 꼬리를 그리는,
우리의 자유, 우리의 우주.

해가 지고
어둠에 눈을 말갛게 씻고 나면
하나둘 빛을 내어주는 별들.

더 짙은 어둠,
더 막막한 어둠에 익숙해지면 비로소 보이는,
형형한 눈빛으로 빛나는 새로운 세입자.

송전탑에 오르고,
굴다리 상공 위에 천막을 치는
싯퍼런 노동자가 하늘에 세 들어 산다.

내 머리에 인 하늘에는
새가 있고 별이 있고
노동자가 있다.

걸레질

그녀의 부드러운 걸레질은
늘 동그라미를 그린다.

짧은 팔만큼 짧은 호를 지닌
수많은 동그라미들.

오후 네 시의 햇살이
창을 넘어 집안 구석을 길게 비추고
그녀의 동그란 걸레질이
동그란 햇살로 빛난다.

가끔 눈물도 뚝 떨어져
동그란 눈물 자국을 바닥에 남기기도 했는데
곧 동그란 걸레질과 뒤섞여 햇살에 함께 빛난다.

그녀의 동그라미가 방 안 가득 퍼져나간다.
집이 거대한 원이 된다.
동그라미 안에서
집은 평화롭다.

박 혜 신

입석중학교 교사

새가 하늘을 날 때 대지의 깊이를 나는 것이라는 글을 읽은 적이 있다. 내 삶을 얼마나 깊이있게 날고 있느냐 물음 앞에 나는 종종 길을 잃듯 말을 잃는다. 시-라고 부를 수 있다면-를 쓰는 동안 빈번하게 누추해졌으나 그때만큼은 내가 사는 삶을 깊이있게 끌어안았노라, 모든 부끄러운 말들 위에 제일 부끄러운 말을 얹어 본다.

중이화(中二花)

지난 가을부터 입었을 겨울교복
몇 달째 갇혀서 겨울뿐인 몸에
봄볕이 든다
물오른 통통한 팔다리얼굴에
입을 열면 꽃망울이 툭 터진다

큰다는 것이, 사람이 된다는 것이
얼마나 힘들고 외로운 일인지
겨우내 가슴에 쌓아둔 물기들이
봄볕받으며 꽃핀다

이
털 덜빠진 중병아리처럼 어설픈 것들이
입만 열면
꽃이 핀다

까라락
웃으며
봄이 온다

신음소리
— 병상일기 2

나무가 되어보니 알겠다

밤새 들리는 바람이
편히 잠들지 못하던 나무가 뒤척이며 내던
신음이라는 걸

인간이어서는 들리지 않던 아픔의 말들이
붙박이 나무가 되어서야 마음에 들어온다

조용한 바람이, 실은
온 우주 상처의 틈을 훑어서 내는
고통이라는 것을

세상이라는 것이, 실은
가여운 어깨들이 밤마다 들썩이며 흐느끼는
소리없는 울음으로 이루어진 것인 줄을

나무가 되어서야 알겠다

가려운 그리움

당신 보낸 후 스멀스멀 기어다니는
그리움들이 몸 구석구석 알을 슬었다
손닿지 않는 깊숙한 곳
꿈틀거리는 가려움에
긁어도 긁어도 시원하지 않고
도대체 어디가 가려운건지 알 수가 없어
긁어도 긁어도 어디론가
스멀쩍 달아나는 그리움
볼품없이 득득득득
하나도 낭만적이지 않고
부스럼 풀풀 날릴뿐
더듬더듬 뒤쫓아 손가락길 만들며
부끄럽고 추레하게
그리운 가려움에 매달리네

피데기

감성이 피데기처럼 촉촉해지는 이런 가을은 그야말로 누군가가 톡— 건드려주기만하면 물기를 푸우 뿜어낼 것만 같은 날들입니다. 낙엽들은 바스락 떨며 말라만 가는데 온 우주의 물기라는 것은 다 내게로 밀려와 파도칩니다. 당신이 하는 그 한 마디 말에도 온몸으로 끄덕거리며 눈물이 나는 이런 가을날에는 당신이랑 손잡고 나 닮은 피데기나 죽죽 찢으며, 미처 말리지 못한 축축한 마음을 씹어대겠습니다. 이것도 저것도 아닌 내가 매우 슬펐던 것처럼 바짝 마르지도 못하는 주제에 눈물로 몸을 적시며 가을볕 아래 불편하게 뒤척였을 그의 과거 위에 소주나 한 잔 끼얹으며 추모하겠습니다.

곰국

열 시간 넘게 불 위에서
절절 끓어야
보오얀 국물로 누군가의 살 속을 채울 수 있다는데
세상 위에 얹혀진지 언젠데 아직도
뜨겁게 달아오르지도
진한 삶 우려내지도 못한채
말간 눈 뜨고
공밥 기다리고 있는지

빨래

아빠는 아침마다 빨래를 했다

남루하고 때절은 어제의 허물,
가장 낮고 부끄러운 곳을 감쌌던 표상을 문때며
아침마다 오늘의 다짐을 비누거품으로 몽글어내었다
돈을 벌어오지 않는다고 술을 많이 먹는다고
사는 게 힘들다고 악을 쓰던 아내의 소프라노 잔소리가
주름졌다 힘있고 강하던 그 소리가
늘어진 테이프처럼 낮고 느려지기 시작할 때쯤인 것 같다
손으로 굳이 치대는 빨래를 하는 버릇을 들인 것은
늙은 아내를 탓하며 어제의 소소한 걸치레를 빨기 시작한 것,
실은 그것은 어떤 의식이었다
거품 사이로 보는 것은 때때로 과거의 영락이고
또는 때때로 어제의 오명이었으나
그 어떤 것도 길게 지녀서 득 될 것이 없다는,

낼이면 이순인 그가 겨우 깨친 진리의 한 조각을
쭈그리고 앉아 삶에 비벼대는 것이다
어제를 지운 자리에 오늘의 날을 세우고
헹구어낸 빨래의 눈물을 달래 베란다에 내다 널며
오늘은 절대 남루하지 않으리라 집게로 누른다
그러면 그것은 하루종일 햇볕 아래 하품을 하며
내일을 표백하는 것이다

수의

할아버지는 평생 시를 지으셨다

살아갈 날이 산날보다 더 많은 손녀딸년이 이런 말 하면 죽을 죄지만, 별로 뚜렷이 신통하지도 않고 큰 감흥도 없는 시를 오래도록 지루하게 지으셨다 그러나 평화로우셨다

시는 그저 시일 뿐

그것이 그에게 명예도 부귀도 가져다주지 않았지만
묵묵히 제 할일을 하는 소처럼
밥을 먹고 그때마다 술을 들고
자전거를 타고 그때마다 공을 치러 나가듯
그 일상을 싱겁지 않게 뿌리는 소금처럼 간간하게

시를 그저 시로

클라이막스 없는 영화처럼
간을 하지 않은 음식처럼

색을 입히지 않은 옷감처럼

나는 하나도 맛이 없던 그의 시를
그 방에 들어가면 나던 노인의 묵은내처럼
無味로 기억한다, 그러나 건조하지 않은

여든을 훌쩍 넘긴 나이, 살아갈 날은 돌아갈 날을 위해 준비하는 나이,
손 끝에 시를 매달고 오래도록 꿰매고 계신다

봉덕동

할아버지,
봄이면 꽃 피는 것이 너무 좋아
이제 좁아진 그 집 마당에는 늘 꽃들이 어깨를 좁혀 붐벼대고
팔십 넘은 나이에도 할머니랑 둘이 있을 땐 귀 뒤에 꽃 꽂고 히히 웃었다던데

할아버지 태우러 온 화장터에
철없이 핀 봄꽃들 보고 할머니가 찔끔 운다

생각하면
가난이란
부끄러운 것도 극복할 것도 아닌
평생 같이 가야하는 친구 같은 것
환하게 짧은 삶을 사치하는 봄꽃들 보며
가난을 낭비하셨다

슬리퍼 떨어지면 전선줄로 이어 신고

달력 뒷면은 항상 시 적어 벽에 걸고
빈 병 하나도 귀하게 대접받던,
양은 대야고 바가지고 전부 다 나보다 나이가 많아 하대할 수도 없이
모든 물건들이 늙고 점잖던
언제나 약간은 누추하고 궁색한 그 집

가진 것이 적어서 항상 말씀도 아껴
해야할 말은 접어두고
하지 않을 말은 꺼내지 않아
굳이 꺼내고보면 결국 꽃과 시와 술로 요약되는
그 집,

설날이 되면 어린 손주들에게도 봉투에 세뱃돈을 것도 꼭 시와 덕담을 함께 넣어
그래서 우리가 지금도 돈보다 시가 더 귀함을 알게 해주신
우리 할아버지 집.

조사

할아버지 상가에 친구들이 오셨다. 여든 여덟에 돌아가신 할아버지, 그 친구들도 머리가 허옇고 기진맥진한 얼굴로 지팡이를 짚고 찬바람을 꼬리에 달고 들어온다 이 나이에는 친구가 죽는 것도 새삼스러운 일은 아니지마는 몇 안 남은 벗들이 떠나간다는 것 또한 여삿일이 아니어라. 침통한 표정으로 향 피우고 단정히 앉은 세 분의 노인 중 대표가 봉투를 꺼내어 떨리는 목소리로 조사를 읽는다. 구보형! 형님과함께사사회로활동던때가기억이납니다,형님의재기어린표현은남달랐지요시조시인으로활동을하며재능을빛내다가……. 읽다가 숨이 차고, 뒤에 앉은 두 사람 결국 꿇어 앉던 다리를 슬며시 펴고야 만다 할머니는 할아버지 친구가 오면 가장 슬피 우셨다 자정이 넘은 시간 부의금을 정리하며 돈을 셀 때 내가 가장 많이 울던 때도 할아버지 친구들 때다 김아무개 1만원, 정아무개 2만원, 또 누구아무개 1만원…… 열 몇 명이 모여 십여 만원을 만들어 온, 5천원짜리 푼돈도 나오지만 도저히 웃을 수 없던 늙고 연약한 조의금들. 예수님께 두 렙돈을 드린 과부는 비록 작지만 자신의 전 재산을 드렸어라. 며칠 담배값을 털어 슬픔을 성대히 베풀어주신 조부님의 벗들은 막걸리는 없냐며 가난한 표정을 지어보이고는, 모자를 곱게 벗어 옆에 둔 채 말없이 고기를 잡수시었다.

서 미 선

대구서부고등학교 교사

시를 잊지 말자는 마음으로 함께하게 된 모임에서 만난 좋은 사람들 덕분에 귀한 책의 한 귀퉁이를 차지하게 되었다. 시인은 못 되어도 시를 사랑하는 사람으로 살고 싶어서 끼적인 마음의 잔여물들이 부끄러운 시가 되고 보니 나는 더욱 시인은 못 되겠구나 싶지만, 마음을 나누고 위로하고 위로받는 시간의 소중함을 더욱 알겠다. 부끄러운 내 시들을 가슴에 안고서.

이시영 시인을 생각함

어느 가을 시 낭송회에서 만난 이시영 시인은 「최명희 씨를 생각함」을 나즈막히 읊조렸다. 삼 만원으로 한 달을 산다며 통곡하던 최명희 씨를 생각하면 가슴이 미어지더라는 이야기와 함께 작가의 근원적인 고독감을 담담하고 쓸쓸하게 전하던 노시인의 모습과 목소리가 이제는 그 계절만 돌아오면 나의 고독으로 되살아나 차마 작가도 되지 못하고 어쭙잖은 글이나 끄적이고 있는 내 마음을 담담하고 쓸쓸하게 하는 것이다.

겨울 화분

텔레비전 화면에서 난치병을 앓는 환우의 고통을 보는 순간
황급히 채널을 돌린다.

찬 겨울 시장 바닥에서 고사리며 도라지를 파는 할머니의
국수 한 그릇, 때늦은 끼니의 모습을 보고는
발걸음을 재촉한다.

굵은 주사 바늘이 혈관을 찔러
뜨거운 피가 몸 밖으로 빠져나가는 모습은
차마 보지 못해 눈 질끈 감고 고개를 돌리고.

두렵고 고통스럽고 슬픈 일들을 외면하는 사이
눈 똑바로 뜨고 바라볼 수 있는 일들이 사라져 버렸다.

매달 자동이체 되는 몇 만원의 후원금이,

생명을 살린다는 몇 천원짜리 전화 한 통이
고통을 외면하는 나 스스로에 대한 비겁한 위무라는 것쯤은
나도 잘 알고 있다.

그래서 올 겨울엔 화분을 키운다.
슬픔을 직시하는 것,
내 안의 슬픔과 아픔과 분노를 인정하고
세상의 아픔을 끌어안는 것.
그것이 겨울에 싹을 틔운 새 마음에 내리는 첫 번째 물주기이다.

성모당에서

내가 아닌 누군가를 위한 기도를 하러 성모당에 갔다.

천원 지폐를 떨구자 꺼지지 않는 촛불이 피어나 흔들린다.

늙은 묵주를 든 노인의 낡은 손이 가늘게 떨린다.

매일같이 저기 저 자리에 앉아있었을 노인의 쇠잔한 육신.

그 남은 기도 또한 자신을 위한 것은 아니리라.

두 손을 모으고 무릎에 고개를 묻은 분홍스웨터의 여인,

여인의 어깨가 울고 있다.

내 기도에 이름모를 그녀를 위한 기도가 더해진다.

소원을 이뤄줄 순 없지만

어머니처럼 들어주고 신께 전해 주신다는 성모상이 굽어 살피는 성모당.

그 앞에 오래도록 두 팔을 벌린 중년의 경건한 기도를 바라보다
또 하나의 부고를 들었다.

염치없게도 또 하나의 기도를 보태며,
성모당에서.

귀가

도시의 초등학교에 입학한 그 시절의 그는
일주일에 한 번, 주말이 오면 시골집으로 향했다 했지.

생의 끝자락에 서 있는 그의 아버지도
일주일에 한 번, 주말에는 병원을 나와 집으로 향한다 했다.

매주 일요일 밤,
그가 시골에서 도시의 혼자인 방으로 돌아올 때는 늘 부모님과 함께였지만
어느 날인가는 바쁘신 부모님 대신 마을 어른의 차를 타고 돌아와야 했는데
초등학교 3학년의 그는 혼자인 방에 혼자 돌아오는 것이 서러워 눈물을 쏟았다고 했었다.

지난주 일요일 밤,
집에서 병원으로 돌아오기 위해 그의 차에 오른, 이

제는 10초를 서 있는 것도 힘겨운 그의 아버지가 눈물을 쏟는 것을 보고,

그는 그 옛날 초등학교 시절의 자신을 떠올렸나 보다.

이제는 하루하루가 달라서 다음주엔 집에 갈 수 있을지 모르겠다는 아버지의 말을 듣고 화장실에서 몰래 울었다는 그는.

하루 일과를 마치고 집에 들어설 때마다
이 당연한 일들이 나는 그만 미안해지고 말아
그들 부자의 행복한 귀가를 기도해 본다.

교실 한 칸, 시 한 편

쌤!
야자 시간에 무슨 공부해요?
신입생의 생뚱맞은 질문.

글쎄,
오늘 배운 거 복습 좀 해라.
근데 쌤도 야자 감독 처음인데 나는 뭐하지?
초보 야자 감독쌤의 쌩뚱맞은 대답.

야간 자율 학습을 하는 아이들 사이사이로
야간 수면에 돌입한 아이들 몇 명,
야간 수다방을 연 아이들 몇 명,
어수선한 분위기 언제 잡히나 싶더니

일주일 지나고 한 달 지나
이제 제법 여고생 티를 내며
이책 저책 꺼내놓고 공부하는 틈에서

나도 이제 제법 야자 감독 티를 내며 터득한 노하우는

교실 한 칸, 시 한 편

야간 신선 놀음.

이은경

대구서부고등학교 교사

평온하게 살지 마라.
무슨 짓인가 해라.
아무리 부끄러운 흔적이라도
무엇인가 남겨라.
— 김광규, 「나의 자식들에게」 중에서

나의 시를 이렇게 남들에게 보인다는 것이 몹시도 부끄럽다. 하지만 몇 년 동안 좋은 사람들과 더불어 시를 읽으면서 아무것도 남겨놓지 않는 것 역시 부끄러운 일이 아닐까 하여 평온한 나의 삶에 물결을 만들어 본다.

목메인 그리움

사탕을 좋아하셨다.
짜파게티를 좋아하셨다.
손녀딸 지독한 잔소리로 끊은 담배,
어쩌다 꽁초라도 하나 찾으면
"이 좋은기 어디서 났노?"
어린애같이 좋아하셨다.

당신 드시라고 아들 며느리 사다드린 사탕
손녀딸 주려고 아껴두시고
꼬깃꼬깃 모아둔 쌈짓돈도
손녀딸한테는 아깝지 않으셨다.
먹다 남긴 코 묻은 밥도
맛있게 비우는 손녀딸이 귀해서
쓰다 남은 공책으로 만든 연습장도
표지에 적는 이름은 언제나 손녀딸이었다.

하지만……
주말마다 집에 내려가 마주하는 할부지는

하루하루 여위어만 가셨다.
언제나 안방에 모여 시끌벅적 밥을 먹었는데
어느날은 당신 방에 앉아 상을 받으셨고
어느날은 자리에서 일어나지 못하셨고
어느날은……
그렇게 아끼시던 손녀딸 이름조차 기억해내지 못하고
멍하니 눈만 끔벅이셨다.

당신 방도 손수 닦으시고
마당 한켠 풀 한 포기도 손수 뽑으셨던 정갈한 할부지를
큰 맘 먹고 목욕시켜 드린 날,
힘에 부치셨는지 쪼그리고 앉아 겨워하시는 할부지를
자리에 눕혀 드리려 안아올렸을 때
들였던 힘의 절반도 필요치 않을 해깝함에
잠든 할부지 머리맡을 지키며

손녀딸은 한참을 서러웠다.

며칠이 지난 어느 날,
할부지는 언제나처럼 정갈한 모습으로
많은 사람들의 목메인 설움 속에 누워계셨다.
예감했던 헤어짐에 손녀딸은
싸늘한 할부지 앞에 가슴으로 울음을 울었다.

꽃피는 3월에 눈이 내렸다.
사람들은 꽃샘추위에 눈까지 내린다며
엉크런 맘으로 하늘을 보지만
손녀딸은
유난히도 추위를 많이 타시던 울할부지
따뜻이 덮어주는 눈이라
곱은 손으로 띠를 매만지며 흐뭇하다.

지혜

우리반 35번은 엄마가 없단다.
상처받을까 눈치보며 가끔가끔 물어보니
만날 술 마시고 들어와 때리는 아빠가 싫어
다 버리고 가셨단다.
초등학교 5학년,
연락도 없이 불쑥 학교로 찾아온 엄마 모습이
그 녀석이 기억하는 마지막이란다.

우리반 35번은 아빠가 좋단다.
자기를 버리고 간 엄마보다
욕하고 때려도 곁에 있는 아빠가 좋단다.
술만 안 마시면 때리지는 않는다고,
청소만 잘 해 놓으면 욕은 안한다고
그 녀석 그래도 아빠 역성을 든다.

어느 날 1학년 5반 담임을 찾는 전화,
우리반 35번 엄마란다.
아이를 데려가고 싶다는 말에

그래도 엄마랑 있는게 나을 것 같아 보냈는데
며칠이 못가 엄마는
재혼해서 낳은 아이들까지 버리고
또다시 집을 나갔단다.

우리반 35번은 다시 아빠집으로 왔단다.
보육원에 같이 맡겨진, 아빠가 다른 동생들이
집에 두고온 남동생을 닮아
남동생 보고싶어 다시 왔단다.
상처만 가득 안은 가슴에
그래도 숨쉴 여력이 있는지
그 녀석,
눈물 가득 고인 눈으로 함박웃음을 지어 보인다.

시인과의 대화

시인의 강연을 들었다.
어느 시골마을 초등학교에서 아이들을 가르쳤다던 시인은
어느새 반백의 노년이 되어
이제는 돈벌이로 강연을 다닌단다.
그래도 자기는 잘 나가는 시인이라
오늘은 대구 내일은 창원 모레는 삼척
연말까지 스케줄이 빡빡하다 자랑이시다.

이 동네 가로수 단풍이 멋지다며
나무이름을 아느냐 묻는다.
은행나무? 단풍나무?
설마 그런 뻔한 나무를 아느냐 물을 리 없고…… 벚나무?
골목마다 가로수가 다르기에 어느 나무를 보셨나 생각하는데
저렇게 멋지게 단풍이 들어 날 좀 봐달라 하고 있는데

한번 쳐다봐주지도 않았냐며
선생이란 사람들이 느티나무도 모르냐며 호통이시다.

가을이 이만치 물들도록
선생인 나는 무얼했나 싶어
화끈 달아오른 얼굴로
피식 쓴웃음 짓는다.

커피

커피 하나
설탕 둘
프림 둘
세 남매 흙 묻은 손으로 키우신
우리 엄마가 좋아하는 커피

짙은 향기
속 모를 검은 빛
에스프레소
십여 년 도시생활에 익숙해진
내가 가장 즐기는 커피

낙성리 앞산에 걸린 구름부터
낙동강변 쇠기러기떼와
뒤뜰 병아리까지 엄마는
엄마의 품으로 품으신다.

모든 것을 아우르는

엄마의 철학이 담긴 커피

고된 하루만큼이나
쓴
에스프레소를 즐기는 나는
내 마음이 그만큼
어둡고 독해진 것일지도

스치는 바람 하나
낙엽 둘
2학년 6반 서른넷
내 에스프레소는 행복한 맛 진행 중

토실댁

거죽만 남은 몸을 보니 토실댁도 늙었다.

시퍼렇게 날이 선 눈으로 악을 쓰며 며느리한테 달려들던 토실댁이

“이제는 너 어마이도 마음이 변해가

내한테 소리도 막 지르고 칸다.”

엄한 소리하며

잘 보이지도 않는 눈에 눈물을 질금거린다.

“고마 죽어뿌면 편할낀데……”

하면서도

나이 90이 다 됐으니 여기저기 아플 때도 됐다는 큰손녀 말이 해로워

“내가 왜 90이야. 토끼띠라, 80이구마는 거짓말은, 가시나.”

발끈하신다.

엊그제 며느리한테 시퍼렇게 달려들어

며느리 가슴에 생채기 한 가득 내놓고도

어제오늘 일은 기억에 없어
진지 잡수시라 부르면
"오냐."
냉큼 밥 한 그릇 맛있게 비우신다.

금방 지나간 시간들은 벌써 까마득히 잊혀졌는데
손녀딸 태어나기도 전 일들은 어제일같이 생생하여
"젊을 때 동제나무 밑에서 막걸리 한 잔에 춤추고 노는데
재용이가 '할매요, 할부지가 빨리 할매 데려오래요.' 캐.
그래, '와?' 카니까는 '할매 춤춘다꼬.' 카잖아."
젊은 시절 한창이었던 얘기를 또하고 또하고 또한다.
한창이었던 시간 속에서
한참을 끌끌 웃어젖힌다.

나는 오늘도 천국을 꿈꾼다

천국에 사는 자는 지옥을 생각하지 않지만, 지옥에 사는 자는 매일 천국을 꿈꾼다.

— 조세희 『난장이가 쏘아 올린 작은 공』 중에서

남들의 일상이 몹시도 부럽다.

마치 난 콘크리트 좁은 감옥에서 고목이 자라는

기적을 바라는 심정으로 매일 홀로 탁탁한 천장을 바라보며 서 있다.

지금까지 큰 어려움 없이 지내왔다.

하고 싶은 건 뭐든 할 수 있었고

가지고 싶은 것도 가질 수 있었다.

그래서 어쩌면 내가 이리 여릴지도

누구의 힘도 빌릴 수 없이 오직 내 힘으로 서야 한다.

모든 것을 그만 두고 홀로 서 보니 더욱 절실하게 알겠다.

이 일이 풀리지 않으면 난 지옥을 벗어 날 수가 없다.

오직 내 힘으로, 내 지식을 만들고 전문가가 되어야

한다.

그러면 나는 천국에 있을 거다.

천국에 있는 자는 지옥을 추억쯤으로 가끔 생각할지도

그러나 지옥에 있는 자는 매일 아니, 항상 천국을 희망한다.

머리가 터지도록 생각하고 희망하고 꿈꾼다.

몹시도 갈망한다.

나는 "이게 안되면 딴거 해야지."라고 하지 않을 거다.

살아있는 지식으로 전문가가 되면 난 천국에 있을 거다.

그리고 천국에서 지옥으로 계단을 놓을 거다.

다 안다

가을볕이 좋은 날
수북하게 따다놓은 호박이야 가지야
사박사박 썰어 담장 위에 넌다.
볕 좋은 담장 골라
정갈히 지푸라기 한 줄 얹고
그 위에 하나하나 가지런히 널어놓는다.
햇살 한 줌 바람 한 모금 지나며
구들구들 말려준다는 걸 할머니는 다 안다.

가을볕이 좋은 날
봄 여름 땀 흘려 키운 벼 거두어
차락차락 모아 마당에 넌다.
볕 좋은 자리 골라
정성스레 멍석 한 자리 깔고
그 위에 수북수북 볏섬을 널어놓는다.
이따금 쉬엄쉬엄 장화신고 골도 탄다.
햇살 한 줌 바람 한 모금 지나며
슬쩍슬쩍 말려준다는 걸 할머니는 다 안다.

나는 대한민국 교사다

나는 대한민국 교사다.
은물결을 이룬 운동장의 아이들
대소박장 저 밝은 웃음
한아름 꽃이 저보다 아름다우리
悶懣한 일이 있어도
국화향보다 짙은 아이들의 눈을 보면
내 사명을 확인하고 힘을 얻는다.
사명이 무엇인지 그 깊이 있는 이해는 차치하고
다! 다! 좋다.
저 아이들을 위해
하루를 열 수 있어 좋다.

전 지 현

대구서부고등학교 교사

시집이라니…….
속이 환히 비치는 옷을 걸치고서,
사람들 앞에 서 있는 꼴이다.
이런 모습을 보여야 하는,
부끄런 용기가 어디서 나왔는지 모르겠다.
다만, 시 곁에 머물고 싶은 마음이 아닌가 싶다.

여드름

온종일 땀 흘리고 들어와
얼굴 들여다보니
여드름이 세를 들었다
내 식구도 아닌 것이
월세를 내지도 않는 것이
숟가락 하나만 살짝 얹어 놓은 것이
볼 때마다 못마땅했다
쫓아내려 기회 엿보다
손찌검했더니
시뻘건 얼굴로 화내며 대든다
피 토하며 서럽게 울어댄다
주섬주섬 짐 챙겨 쫓아낸 빈자리에
아픔만이 동그라니 남았다

할머니의 별

뉘엿뉘엿 해가 지면
할머니는 방문 열어
가만히 밤하늘을 살피었습니다

앞을 볼 수 없는 할머니의 눈에는
일찍 세상 뜨신 할아버지가
별이 되어 반짝였습니다

볼 수 없는 별 바라보다
할머니는 손수 별이 되어
먼 길 떠나셨고

밤이면 밤마다
별을 만난 기쁨을
반짝이는 별빛으로 알려옵니다

연줄

연줄이 팽팽해지는 때가 있다
그럴 때면
고집 부리지 않는다
이기려 애쓰지 않는다
가만히 연줄 놓는다
연은
바람 안고 높이 올라간다
실타래 벗고 멀리 날아간다
이기려 욕심 부리는 순간,
툭—
무거운 후회만이 연줄 끝에 매달린다

미련

또 이렇게
물만 움켜쥐고 있다
잡지 못할 걸 알면서도
남겨질 미련인 걸 알면서도
마음 속 구멍만 커지는 걸 알면서도
여전히
물만 움켜쥐고 있다

詩

바늘구멍에 꿰어둔 실처럼

마음 한 구석에 묶어두고픈,

이제야 쓰겠다 싶을 때

툭— 끊어져 버리는

허 재 봉

운암고등학교 교사

딸아이가 어느새 네 살이 되었다. 딸 아이 키우느라 애쓰고 있는 아내가 내 시의 첫 번째 조언자이다. 애교를 부리면 그냥 뭐든지 허락하게 되는 사랑하는 딸아이는 내 시의 첫 번째 주인공이다. 조언자와 주인공들의 협력으로 열 편의 시가 완성되었다. 시를 계속해서 쓰게 된다면 이 시들이 좋은 자양분이 될 것이라 믿는다. 생각들이 더해져서 사상이 되듯이, 나의 말들이 쌓이면 언젠가 더 좋은 시가 될 것이라 기대해본다.

삼필봉에서

애벌레 한 마리
수 십 마리 개미들에게
運柩되고 있었다

나이테를 몸에 새긴 듯
살아온 삶이 허무로 너울대며
온 몸 가득 몸부림치는데
허기에 지친 개미들에게는 그 몸부림조차 사치였던가

결국은 먹힐 것이다
눈알과 흘러내리는 콧물과
몸에 붙은 비듬마저 삼켜질 것이다
서서히 존재가 지워질 것이다
장엄한 장송곡을 울리는 그들 앞에
나는 힘없이 돌아서야 했다

삼필봉 내려오며 뒤꼭지 잡아끄는 슬픔을
나는 설명할 수 없었다

끼어들기

햇살과 바람이 적당히 버무려져
피부는 은근히 맵고 코 속 바람은 향기로운
4월 어느 토요일,
벚꽃비 맞으러 간다

1년에 한 번
세상 속 더럽히던 마음과 몸
벚꽃비로 씻어내리러
두둥 떠오른 마음 싣고 경주로 간다

유리창 건너 편 붙잡을 수 없는
눈깔사탕 바라보는 어린 아이처럼,
마음속으로 녹아드는 조바심 부여잡고
형형색색 차들 틈 속을 재빨리 끼어든다

뒤통수를 흔들어대는 경적 소리는
인생사 매서운 인심인 거야
더러운 세상사 경고인거야

여유로운 마음 부족한 칼날같은 너희들 비웃으며
경주 국도로 접어들 무렵
내 앞으로 조심스레 끼어드는 차를 향해
경적보다 더 큰 목소리로 화를 내는
나를 본다

속세에서 벗어나 마음과 몸
씻으러 가는 길에,
지금까지 어렴풋이 알고 있던
내 마음 속 이기심과 가식을
보게 된 그 순간
벚꽃 비가 무겁게 쌓여
내 마음을 덮어주었다

39박 40일

오래된 벗들과 오래된 계를 하더니
오래 보관된 돈으로
일본으로 떠나간,
오랫동안 사랑해 온 그 사람

연휴 3박 4일은 무척이나 짧지만
네가 없는 3박 4일은 39박 40일이었다

39박 40일이 힘겹게 지나온 날,
기상악화로 큰 배로 갈아타고 가야해
내일 도착할 거야라는 말에
그새 얇아진 내 가슴은 구멍이 나고 말았다

기다렸다는 듯
시작된 강풍 속에서
교무실 앞에서 서성이는 아이처럼
밤이 깊도록 조바심을 내야했다

몸과 마음에 짓눌려 힘겨워하며
달려간 부산에서 너를 본 후
내 마음 속 바다에는 더 이상 강풍이 불지 않았다

부산 겨울 바다가 그 어느 때보다
아름답게 보이던
강풍이 기지개를 막 끝낸
39박 40일이 마감된 어느 이른 아침이었다

시인에 대한 경외심으로

사전적 정의로 '때'는
시간의 어떤 순간이나 부분을 뜻한다
시간의 다른 표현 '시'와 '때'를
우리는 유의어라고 부른다

시인의 피를 물려받지 못한 나는
'시'와 '때'를 태생적 한계라고 부른다
생각을 벗겨내어
지우개 가루 같은 조잡한 상념을 모아
한 종지도 안 되는 말장난을
'시'라고 불리길 원하는
넘어서기 힘든 경계선이
내 앞에 놓여있기 때문이다

밀어도 나오는 머릿속 땟국물
단어 하나 건져내려
계속 밀어 보지만
밀어져 나오는 건

흰 속살이 아니라 땟국물 묻은
단편적 사유의 '때' 일 뿐이다

벗겨야 하는 이유도
벗겨내야 할 의무도 없지만
언젠가 흰 속살을 볼 수 있을 거란 믿음으로
까칠한 이태리 타월같은 모나미
볼펜으로 구석구석 머릿속을 헤집고
'시' 를 위해 '때' 를
밀어대고 있다

문경 가는 59번 국도

단양에서 문경으로 가기 위해 접어든 곳
햇살에 취해 길에 밟히던 낙엽마저 가슴 속 후벼 파던 곳
그 곳에 있던 앙상한 강아지 한 마리는
찌그러진 양은 냄비와 씨름하는 중이다

완강한 양은 냄비는,
너 같이 조그만 녀석이 나를 감히 해코지해?
내 얼굴에 있는 상처 안 보여?
냄비 곳곳에 있던 주름살이
세월의 증거로 달그락대며 위협하면
강아지는 낑낑대며 울어댄다

양은 냄비에 담긴 밥 한톨을 위해,
생존을 위해
강아지가 싸워야 하는 것은
양은 냄비만이 아니다

강아지의 목을 옥죄고 있는
징그럽게 차가운 줄
살을 파고들어 핏자국이 생겨도
오히려 더욱 조여 오는 냉정함에
너덜거리는 목덜미를 애써 무시해가며
강아지는 목숨과도 같은
밥 한 톨을 먹는다
눈물나도록 깨끗한 밥 한 톨을 먹는다

소모된다는 것

대장간을 방문했을 때 있었던 일이다

대장장이 최씨가 핏덩이 같은
벌건 쇳덩이를
물에 담갔다가 꺼내어
열심히 갈아대고 있었다

서걱거리는 쇳물이 녹아 흐르고
쇳덩이는 조금씩 자신의 무게를 줄이고 있었다.
하수구로 흘러 들어가는 쇳물을 보자
갑자기 서러움이 파도가 되어
가슴을 후려치기 시작했다

하루하루 내 몸도 조금씩 소모되어
언젠가 하수구 같은
검은 땅 속으로 빨려들어 가리라

슥삭슥삭 대장간 가득 울려 퍼지는

쇳덩이의 울부짖음처럼
목구멍 가득 서러움이 몰려와
입술 밖으로 터져 나가려는 찰나,

깝치지 말고
정성껏 갈다보믄
멋진 작품이 나오는기라

대장장이 최씨의 말은
갈고 갈아 만들어진 바늘이 되어
삶이란 덩어리를
열심히 갈아본 적 없는
내 입술을 지그시 꿰매어버렸다.

어제 엄마는 화났었다

어제 엄마는 화났었어.
욕조를 붙들고 나오지 않으려는 너를
결국 울음을 터뜨리고 발버둥치는 너를
바닥에 눕히며 엄마는 화가 났었어

자동차 뒤 초보운전 딱지처럼
땀범벅인 내 얼굴이 초보 엄마라 말해주지만
널 향한 마음만은 초보이고 싶지 않아,
그래서 엄마 자신에게 화났었어

엄마 위로하는 거야?
오늘 넌 햇살 가득한 미소를 머금고
내 어깨를 토닥토닥.
빨래 갤 때 심심하지 말라고
방구 뽕, 트림 끅
지상에서 가장 재미있는 공연을
선물해 주었어

그런데 애야
엄마 밤에 깨는 거 제일 싫어하는데,
어제 네가 새벽에 깨서 울 때
지체없이 잠에서 깨어나는 나를 보고
엄마 이제 알게 됐단다
널 배 속에 갖게 된 이후
이미 난
엄마가 되었다는 사실을
어제 네가 날 잠에서 깨운 것처럼
엄마 인생을 깨우고 완성시켰다는 사실을
네가 있음으로
이미 난
완성된 엄마가 되었다는 사실을

유쾌한 복수

눈 내리는 밤이었다
고구마를 입에 문 아궁이는
이따금 뜨거운 연기를
허둥대며
불어대고 있었다

함박눈 녹아든
쌀뜨물 마시며
먹는 건 없어도 젖이 줄지 않아 다행이랑께—
안도하는 마음 배부른 엄마

혼자만 배불러 미안했는지
아기에게 젖 물리려는 순간,
찌이익—
엄마 젖은
아기 얼굴을 적시고 이내 아기는
목젖 내세우며 서러워한다

껍질에서 벗겨져 나온
삶은 콩같은
아이의 흰 살결 만져주며 달래는 사이,
뿜어져 나가는 노오란 물줄기 총줄기

엄마는 물줄기 총줄기 온몸으로 받아내며
볼 빨간 아기 향해 웃음 지으며 한 마디,
—세상에서 가장 밉지 않은 복수랑께

웃음 가득한 방 안 풍경 시샘하는지,
눈발은 하염없이
창호지 덧댄 문을
비벼대고 있었다

가려운 그리움

초판 1쇄 2013년 5월 31일

지은이 시와 사람들
펴낸이 박진환

펴낸곳 만인사
등록 1996년 4월 20일 제03-01-306호
주소 대구광역시 중구 명륜로 116
www.maninsa.co.kr
E-mail : maninsa@hanmail.net
전화 (053)422-0550
팩스 (053)426-9543

ISBN 978-89-6349-048-9 03810
값 8,000원

※「이 도서의 국립중앙도서관 출판시도서목록(CIP)은 서지정보유통지원시스템 홈페이지(http://seoji.nl.go.kr)와 국가자료공동목록시스템(http://www.nl.go.kr/kolisnet)에서 이용하실 수 있습니다.
(CIP제어번호: CIP2013006691)」